심도 있게 편찬된
구역 및 대학·청년부 성품 G.B.S. 시리즈 ❷

PIETY

경건

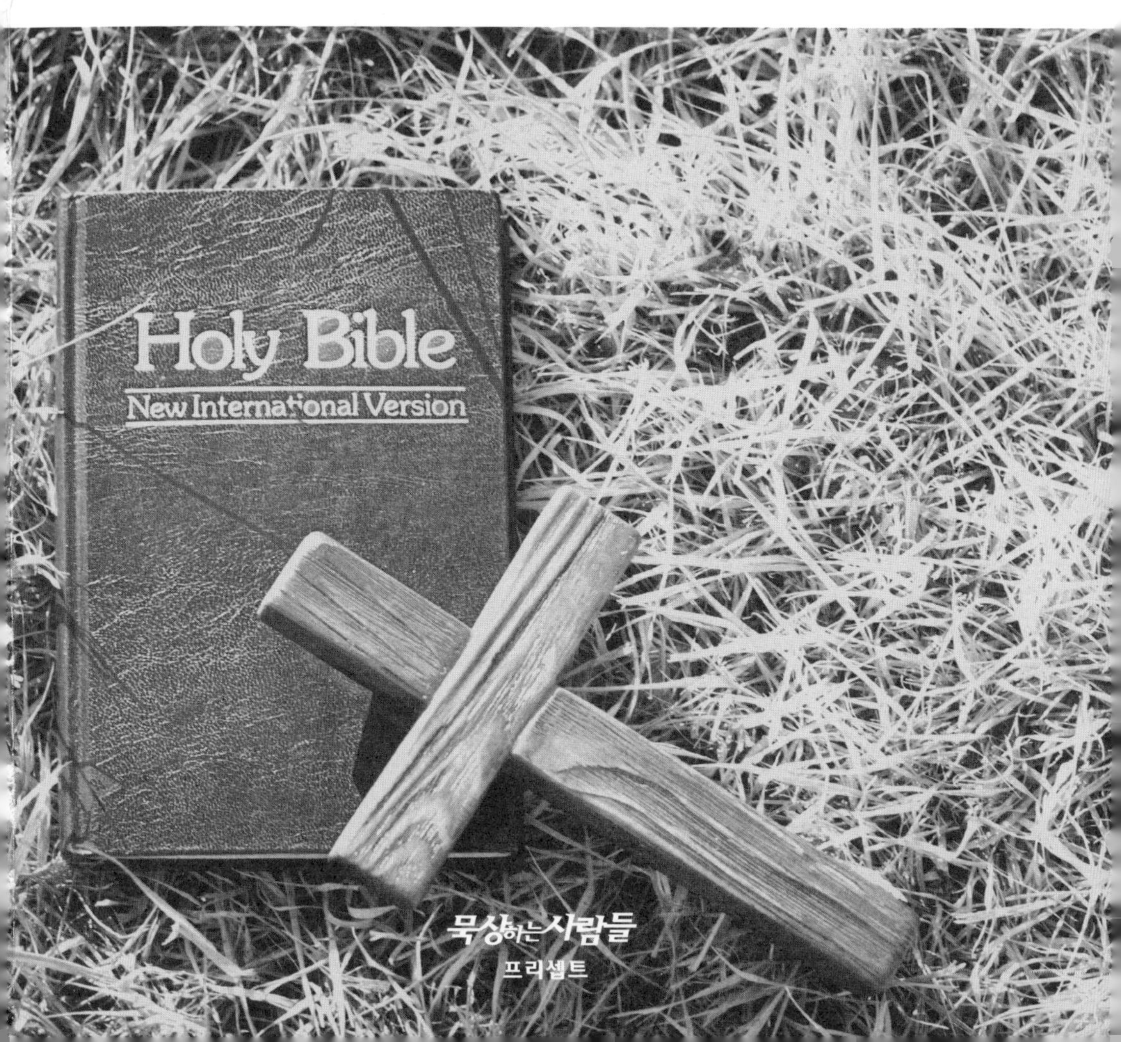

묵상하는 사람들
프리셉트

서문

한국 교회 성도들을 하나님의 말씀으로 돕기 위하여 쉼 없이 달려온 프리셉트 성경연구원은, 쉽고도 심도 있는 성경공부 교재 개발의 부르심 앞에 순응하여 성품 시리즈를 기획하여 출간하게 되었습니다.
신앙생활은 예수님을 섬기는 삶이며 예수님의 성품을 체득하는 과정입니다. 이 성품 시리즈는 한국 교회 성도들이 소그룹에서 예수님의 성품을 함께 배우고 닮아 가는 데 크게 기여할 수 있도록 기획되었습니다.
한편, 프리셉트성경연구원은 구역, 셀, 소그룹, 그리고 청년부의 소모임을 위해 다양한 교재를 많이 개발하여 한국 교회를 효과적으로 돕기 위해 힘쓰고 있습니다. 그 종별의 특징은 다음과 같습니다.

Ⅰ. G.B.S. 교재의 종별 특징

1. High G.B.S. 시리즈

평신도 소그룹 중 성경공부를 장기간 진행해 온 분들에게 적합한 교재입니다. 프리셉트성경연구원의 고급 과정(PUP)에서 다루는 내용을 압축하여 정리한 내용으로서, 참여자들이 1시간 정도 예습해 올 수 있을 때에 효과적으로 진행할 수 있는 교재입니다.

2. BEST G.B.S. 시리즈

소그룹 참여자들의 신앙 수준이 다양한 점을 고려하여, 다양한 도입글과 질문을 제시하였습니다. BEST G.B.S.를 쉽고 편하게 진행하기를 원하면, 「더 깊은 연구와 묵상을 위하여」를 생략하고 다룰 수 있습니다.

3. 쉬운 G.B.S. 시리즈

이 교재는 질의응답식 내용을 통해 누구나 예습 없이 현장에서 쉽게 진행할 수 있도록 구성되었습니다.

4. 주제별 G.B.S. 시리즈

이 교재는 성경의 내용을 주제별로 다뤄서 해당 주제에 대해 성경적 세계관을 확립하는 데 큰 도움을 줍니다.

5. 하나님 마음에 합한 시리즈

이 교재는 신앙생활에 관한 16가지 주제를 소그룹용으로 편찬한 교재로서, 쉬운 G.B.S.에 비해 다루는 내용이 넓고 깊습니다.

6. 40분 G.B.S. 시리즈

이 교재는 미국 프리셉트 본부에서 기획된 교재로서, 약 40분 동안 활발한 토의식 성경공부를 진행할 수 있도록 구성된 편리하고 유용한 교재입니다.

7. 성품 G.B.S. 시리즈

이 교재는 성도들이 소그룹에서 끈기 있게 예수님의 성품을 배우도록 편찬되었습니다. 이 시리즈는 감사, 경청, 경건, 겸손, 정직, 사랑, 순종, 인내 등 성품이란 주제에 대하여 성경 본문을 집중적으로 연구하여 적용하도록 돕는 성품 변화에 통합된 자료입니다.

8. 기타

그 외에 수련회용, 주말 성경학교용, 청소년용, 제자훈련용 등 많은 교재가 준비되어 있습니다.

Ⅱ. 인도자를 위한 안내

1. 시작 시간을 정확하게 지키십시오.
2. 성령님께서 말씀의 비밀을 깨우쳐 주시도록 함께 기도하십시오.
3. 성경공부에 들어가기 전, 지난 주에 깨달은 말씀을 함께 나누면서 마음을 여는 시간을 가지십시오.
4. 인도자는 「도입을 위한 글」(서론)을 읽은 후, 참여자들에게 다양한 질문을 하여 활발한 토론을 유도하십시오. 이때, 교재에 주어진 질문만 하지 말고 다른 보충 질문들을 준비하여 이끌어 가십시오.
5. 각 문제마다 적절한 시간을 안배하여 중점적으로 다룰 문제는 충분히 토의하고 지엽적인 문제는 간단히 진행하십시오.
6. 각 과를 인도한 후, 다음의 평가항목을 통해 스스로 자기 점검을 하십시오.
7. 인도자로서 좀 더 깊이 성경을 배우고자 하는 분들은 프리셉트 성경연구 과정에 참여하셔서 도움을 받으시기 바랍니다(문의: 02-588-2218).

Ⅲ. 평가항목

1. 보조 질문은 좋았는가?
   명확하고 간략했는가?
   본문에 충실했는가?
   본질적인 문제에 접근했는가?
   깊은 통찰과 적절한 적용을 이끌어 냈는가?

2. 참여자의 발표를 잘 유도하고 격려했는가?

3. 말을 너무 많이 하거나 적게 하지는 않았는가?

4. 준비를 충분히 하였는가?

5. 본문에서 벗어난 방향으로 토의가 진행되지는 않았는가?

6. 시간은 잘 지켰는가?

차 례

1. 경건은 하나님을 아는 것이다

♱ **본문** 시편 86:1-17

♱ **외울 말씀** 주는 선하사 사죄하기를 즐거워하시며 주께 부르짖는 자에게 인자함이 후하심이니이다 (5절)

도입을 위한 글

어떤 사람이 헌책방에서 지도 한 장을 싸게 산 후, 조금 더 비싼 가격에 팔려다 실패했다. 결국 그는 지도를 서재 한구석에 처박아 놓았다. 그러던 어느 날 대학에서 역사학을 가르치는 친구가 집에 찾아왔다. 그는 친구에게 그 지도를 보여 줬고, 친구는 그것을 보자마자 놀라며 흥분하기 시작했다. 그 지도는 루이 14세 때 그려진 파리 시가지 지도로, 100만 불(약 10억 원) 넘게 받을 수 있는 보물이었다. 하지만 들뜬 친구와는 달리 그는 한탄하며 말했다. "내가 조금만 일찍 알았더라면 지금보다 나은 모습으로 팔 수 있었을 걸세. 그러나 무엇을 탓하겠나. 모두 나의 무지 때문인 것을." 우리는 하나님이 어떤 분이신지 알아야 한다. 하나님은 세상을 창조하시고 만물을 주관하시는 영원한 세계의 주인이시다. 때로는 우리를 치기도 하시지만, 언제나 우리를 싸매어 주신다. 하나님을 아는 데 힘쓰라. 하나님을 아는 만큼 은혜와 치유가 임할 것이다.

—김학중, 『도와주세요 예수님』

도입을 위한 질문

❶ 여러분은 하나님에 대해 얼마나 알고 있습니까?

❷ 여러분은 하나님을 깊이 알기 위해 어떤 노력을 하고 있습니까?

본문 질문

❶ 시편 기자는 어떤 상황에서 하나님께 기도를 드리고 있습니까(1, 7절)?

❷ 시편 기자는 자신의 기도가 반드시 응답되리라 생각했습니다. 그 이유는 무엇입니까(2-5절)?

*경건하오니(2절): 문자적으로는 '사랑하다, 연모하다'라는 의미다. 구원의 은혜를 베푸신 하나님께 대한 뜨거운 사랑과 충성의 자세를 가리킨다.

절 수	기도 응답의 이유
2절	
3-4절	
5절	

❸ 시편 기자는 자신이 믿는 하나님이 어떤 분이시라고 찬양했습니까(8–10, 13절)?

*주만이 하나님(10절): 오직 하나님 한 분만이 주권자요 섬김의 대상이라는 뜻으로, 확고한 유일신 사상을 보여 준다.

❹ 시편 기자는 하나님을 더 사랑하고 충성하기 위해 어떤 기도를 드렸습니까(11절)?

❺ 다음 글을 읽고 '경건'의 의미에 대해서 정리해 보십시오.

'경건'이 의미하는 바는 무엇인가? 경건에 대해 2가지로 나눠서 생각해 보자. 첫 번째, 경건의 내적인 면이다. 이것은 하나님께 대하여 거룩한 두려움과 사랑을 가지는 것이다. 즉, 두려우면서도 피하고 싶지 않고 도리어 가까이 가고 싶어 하는 사랑의 감정이다. 두 번째, 경건의 외적인 면이다. 이것은 하나님께 대한 거룩한 두려움과 사랑이 동기가 되어 흘러나오는 삶의 모든 행동과 태도다. 이는 거룩하신 하나님과 이웃에 대한 사랑으로 나타난다. 종교적으로 그럴듯한 모습만을 보이는 것은 결코 경건이 아니다. 내면에 하나님을 향한 올바른 사랑과 두려움이 없다면 그것은 외식일 뿐이다. 또한 경건은 마음에서만 끝나지 않고 외적인 삶으로 드러나게 마련이다. 하나님을 향한 올바른 두려움과 사랑이 있다면 반드시 삶의 태도와 행동이 변화될 것이다.

–김남준, 『경건』

❻ 시편 기자가 겪고 있는 환난은 구체적으로 어떤 상황입니까(14절)?

❼ 시편 기자가 절망적인 상황에서도 희망을 노래할 수 있는 이유는 무엇입니까(15–16절)?

❽ 하나님께 은총을 입은 시편 기자는 원수들에게 어떤 변화가 일어날 것이라고 말했습니까(17절)?

더 깊은 연구와 묵상을 위하여

❶ 하나님은 모세에게 당신을 어떻게 소개하셨습니까(출 34:5–7)?

❷ 하나님의 아들이신 예수님은 우리에게 어떤 분이십니까(요 10:14–15)?

적용을 위한 글

시편 86편은 "포악한 자의 무리가 내 영혼을"(14절) 찾는 상황에서 지어진 개인의 탄원시다. 하지만 시편의 다른 탄원시와 달리 하나님께서 반드시 기도를 들어주셔서 자신을 구원해 주실 거라는 확신으로 끝을 맺는다. 이 확신은 하나님을 아는 바른 지식에 근거한 믿음이다. 시편 기자가 고백한 하나님은 선하사 사죄하기를 즐거워하시는 분이며(5절), 놀라운 일을 행하는 위대하신 분이고(10절), 인자와 진실이 풍성하신 분이고(15절), 돕고 위로하시는 분(17절)이다. 이렇게 하나님을 아는 지식이 깊은 사람은 거룩하신 그분 앞에서 두려운 마음으로 자신의 죄를 회개하며, 사랑의 마음으로 은혜를 간구한다. 이것이 경건한 성도의 모습이며 이들의 기도는 하나님께서 반드시 응답하신다.

적용 및 결단을 위한 질문

❶ 여러분은 환난 가운데서 가장 먼저 누구를 떠올립니까?

❷ 하나님을 더 의지하고 사랑하기 위해 반드시 알아야 할 '하나님의 성품'은 무엇입니까?

2. 경건은 하나님을 경외하는 것이다

✣ **본문** 시편 34:1–22

✣ **외울 말씀** 너희 성도들아 여호와를 경외하라 그를 경외하는 자에게는 부족함이 없도다 (9절)

도입을 위한 글

당신이 예배를 드리는데 하나님이 오셔서 "나 여기에 있다"라고 말씀하신다면 어떨까? 이것은 상상이 아니다. 실제로 하나님은 우리가 예배하는 곳에 계신다. 문제는 우리가 하나님을 향한 존경과 경외를 상실했다는 점이다. 많은 교회에서 하나님을 향한 존경과 경외를 찾아보기 어렵다. 우리의 예배는 너무 세속적이 됐고, 하나님께 대한 기대는 사라진 지 오래다. 또한 우리는 예배하는 장소에 하나님이 실제로 계시는 것처럼 행동하지 않는다. 하나님을 향한 경외를 깨닫게 해 달라고 기도하자. 주님의 참모습이 담긴 말씀을 연구해 보자. 조시 맥도웰(Josh McDowell)의 말처럼 자기 마음에 드는 신학으로 만든 하나님을 예배하는 '뷔페식 신학'을 제쳐 놓고, 성경 말씀이 주님을 어떻게 설명하는지 살펴보자.

–탐 크라우터, 『처음처럼 예배하라』

도입을 위한 질문

❶ 지금 여러분이 하나님께 드리고 있는 예배와 삶의 모습은 어떠합니까?

❷ '코람데오'(하나님 앞에서)처럼 예배하고 살아갈 때 여러분에게 어떤 변화가 일어나겠습니까?

본문 질문

❶ 시편 기자는 곤고한 자들과 함께 어떤 일을 하기 원했습니까(1-3절)?

*송축함이여(1절): '노래하다, 찬양하다, 영예롭게 하다'라는 뜻이다.

❷ 시편 기자가 고백하는 하나님은 어떤 분이십니까(4절)?

❸ 성도들이 하나님을 의지하고 경외할 때 어떤 은혜를 누리게 됩니까(5-7절)?

*곤고한 자(6절): '괴로움(압박)을 당하다'라는 뜻이며, '(물질적으로) 빈곤하고, (사회적으로) 가련하며, (심령 상으로) 겸손한 자'를 의미한다.

절 수	하나님이 주시는 은혜
5절	
6절	
7절	

❹ 하나님의 선하심을 맛본 사람의 특징은 무엇입니까(8절)?

*맛보아: 인격적 경험에 대한 은유로 사용된다. 신약 성경은 이 은유를 광범위하게 사용하고 있다 (요 8:52; 히 2:9, 6:4).

❺ 다음 글을 읽고 성경이 말하는 '경외'의 의미에 대해서 정리해 보십시오.

'경외'란 하나님의 권위와 거룩함에 대한 공경과 두려움을 말한다. 이는 율법을 들을 때 생기며(신 4:10), 여호와를 경외하는 것이 지식의 근본이 된다(잠 1:7). 하나님을 경외하는 사람은 하나님의 이름을 높이게 되고(시 22:22-23), 하나님은 그런 사람들에게 긍휼을 베푸신다(시 103:13). 성경은 쉬지 않고 기도와 구제를 한 고넬료를 하나님을 경외한 사람이라고 소개한다(행 10:2). 하나님은 그를 기억하시고 구원의 은혜를 베풀어 주셨다(행 10:31-35). 하나님 앞에서 거룩해지는 것은, 하나님을 경외함의 결과이고(고후 7:1), 하나님을 경외하는 일 없이 구원은 달성될 수 없다(빌 2:12).

—「한국컴퓨터선교회 성경사전」, '경외' 중

❻ 시편 기자는 하나님을 경외하는 법이 무엇이라고 가르쳤습니까(11–14절)?

❼ 하나님께 구원받는 자는 누구입니까(18–19절)?

*마음이 상한 자, 충심으로 통회하는 자(18절): 마음의 교만과 완고함을 내려놓고 겸손해진 자를 가리킨다(시 51:17, 69:20, 147:3).

❽ 의인과 악인은 모두 고난을 겪지만, 그 끝은 어떻게 다릅니까(21–22절)?

더 깊은 연구와 묵상을 위하여

❶ 20절 말씀처럼 의인의 모든 뼈를 보호하시는 하나님은 예수님을 어떻게 보호하셨습니까(요 19:33, 36)?

❷ 하나님을 경외했던 고넬료가 받은 은혜는 무엇입니까(행 10:2, 31–35)?

적용을 위한 글

시편 34편은 하나님을 의지하고 경외하는 자들을 보호하고 보살피시는 하나님께 감사를 표현하는 시다. 특별히 시편 기자는 의인의 특징인 '하나님을 경외함'이 무엇인지 삶을 통해 보여 준다. 즉, 의인은 말과 행동에서 거짓과 악을 버리고 오직 선을 행하며 화평을 이뤄야 한다(13-14절). 이처럼 하나님을 경외하는 의인은 하나님께로부터 기도를 응답받을 뿐만 아니라 환난 가운데서 구원을 경험한다. 그리고 가장 큰 은혜는 하나님 안에서 죄 사함을 받아 벌을 받지 않는 것이다(22절).

적용 및 결단을 위한 질문

❶ 하나님을 경외하기 위해 여러분이 끊어 내야 할 악한 행동은 무엇입니까?

❷ 여러분이 속한 가정과 일터 등에서 화평을 이루기 위해 어떤 선한 행동을 해야 합니까?

3. 경건은 하나님께 순종하는 것이다

✤ **본문** 창세기 6:9-22

✤ **외울 말씀** 노아가 그와 같이 하여 하나님이 자기에게 명하신 대로 다 준행하였더라 (22절)

도입을 위한 글

『예수를 위한 바보』라는 책의 저자인 데이빗 케이프(David Cape) 목사의 이야기다. 그는 아프리카 공화국에서 목회를 하던 중, 어느 날 주님의 음성을 들었다. "거리로 나가서 사람들의 발을 씻어 주라." 그는 기도 후 모든 사역을 내려놓고 곧바로 '길거리 세족 사역'을 시작했다. 가장 먼저 간 곳이 요하네스버그 근처의 소웨토라는 도시였다. 그곳에서 조직 폭력배, 알코올 중독자, 동성애자, 한센병자 환자부터 시장, 대통령에 이르기까지 수많은 사람의 발을 씻어 주었다. 그의 이런 헌신으로 초자연적인 치유가 일어나고, 깨어진 가정이 회복되고, 발을 씻어 준 그 자리에서 주님을 영접하는 역사가 일어났다. 하나님께서 데이빗 목사를 사람들의 발을 씻어 주는 사역으로 보내신 이유는 무엇일까? 하나님께서는 말로 복음과 진리를 전하는 것보다, 삶으로 복음을 전하는 것을 더 원하셨던 것이다.

도입을 위한 질문

❶ 하나님이 여러분에게 원하시는 헌신은 무엇입니까?

❷ 하나님 말씀에 순종했을 때 여러분에게 일어난 변화는 무엇입니까?

본문 질문

❶ 노아는 당대에 어떤 사람이었습니까(9절)?

*완전한 자: '흠 없고 건전한 사람'이라는 뜻이다. 도덕적으로 성실하고 종교적으로 정결한 자를 의미한다.

❷ 노아가 살았던 시대와 사람들의 모습은 어땠습니까(11-12절)?

❸ 하나님은 당대 의인이었던 노아에게 어떤 계획을 말씀하셨습니까(13-14절)?

*방주(14절): '궤, 상자'라는 뜻으로, 장방형의 큰 상자 같은 무동력선을 의미한다.

❹ 하나님은 무엇을 일으켜 이 땅을 심판하겠다고 말씀하셨습니까(17절)?

❺ 다음 글을 읽고 경건과 순종의 관계에 대해서 정리해 보십시오.

주님을 영접한 다음 성도가 제일 먼저 배워야 할 것은 '순종하는 삶'이다. 순종이 없으면 결코 하나님의 자녀다운 삶을 살 수 없다. 순종의 사람 노아를 보라. 이 땅이 하나님을 거스르는 인간들로 가득 차 있었을 때, 하나님께서는 노아를 보시고 마치 광야에서 샘을 만난 것처럼 기뻐하셨다. 그리고 그에게 당신께서 이루실 비밀스러운 일들을 말씀하셨다. 순종함으로 주님이 더 말씀하시고, 더 말씀해 주시면 더 순종했던 것이다. 그 과정을 통해 노아는 점점 신령한 사람으로 변화됐다. 노아처럼 우리도 경건 생활을 통해 더 순종하는 삶을 살아야 한다. —김남준, 『경건』

❻ 노아가 만들 방주의 규모는 어느 정도였습니까(15–16절)?

*규빗: '팔뚝'이라는 뜻으로, 팔꿈치에서 가운뎃손가락 끝까지의 길이를 나타내는 단위다(약 45cm).

❼ 하나님은 노아와 언약을 세우기 위해 누구누구를 방주에 태우셨습니까(18–20절)?

❽ 노아는 하나님의 명령에 어떻게 반응했습니까(22절)?

더 깊은 연구와 묵상을 위하여

❶ 하나님이 홍수 심판 후 노아와 맺으신 언약은 어떤 내용입니까(창 9:9–11)?

❷ 성경은 노아의 순종을 어떻게 평가합니까(히 11:7)?

적용을 위한 글

노아가 살았던 시대는 사람의 죄악이 세상에 가득했고 그의 마음으로 생각하는 모든 계획이 항상 악했다(창 6:5). 그러나 단 한 사람, 노아만은 하나님께 은혜를 입었다. 그는 어떤 상황에서도 하나님 말씀에 순종했다. 그래서 하나님을 경외하는 마음으로 홍수 심판을 믿고 성실히 방주를 지었다. 그 결과 방주를 탄 노아와 그의 가족 그리고 수많은 생명이 구원을 얻었다(히 11:7). 하나님은 노아를 시작으로 수많은 믿음의 영웅을 통해 인류 구원 계획을 진행하셨고, 예수님을 통해 성취하셨다. 하지만 예수님이 다시 오실 때까지 완성된 것은 아니기에 그때까지 그리스도인들은 항상 말씀에 복종하여 두렵고 떨리는 마음으로 구원을 이뤄야 한다(빌 2:12).

적용 및 결단을 위한 질문

❶ 이 시대의 구원을 위해 하나님이 여러분에게 바라시는 순종의 모습은 무엇입니까?

❷ 하나님 말씀에 순종하기 위해 지금 여러분에게는 무엇이 필요합니까?

4. 경건은 하나님을 신뢰하는 것이다

✤ **본문** 창세기 22:1-19

✤ **외울 말씀** 아브라함이 이르되 내 아들아 번제할 어린 양은 하나님이 자기를 위하여 친히 준비하시리라 하고 두 사람이 함께 나아가서 (8절)

도입을 위한 글

영국의 한 마을에서 광산이 붕괴되어 수많은 광부가 숨졌다. 당시 그 지역 주교였던 핸들리 모울(Handley Moule)은 슬픔에 빠진 가족들을 위로하는 말씀을 전해 달라는 부탁을 받았다. 주교가 말했다. "하나님이 끔찍한 재앙을 허락하신 까닭을 이해하기 어렵습니다. 하지만 우리는 그분을 신뢰하며, 모든 일이 선하게 마무리될 것을 믿습니다." 이후 그는 흥미로운 비유로 설명을 이어 나갔다. "어머니가 물려주신 책갈피 하나가 있습니다. 그 책갈피 안에는 온갖 매듭이 이리저리 얽히고설켜 있습니다. 마치 큰 실수를 저지르고 수습하지 못한 자리처럼 보이지요. 하지만 뒤집으면 아름답게 수놓은 글자가 보입니다. 우리는 지금 책갈피의 안쪽만 보고 있습니다. 언젠가 완성품 쪽을 보고 모든 상황을 이해하게 될 날이 반드시 올 겁니다."

—맥스 루케이도, 『일용할 양식』

도입을 위한 질문

❶ 지금까지 여러분을 가장 힘들게 했던 어려움은 무엇입니까?

❷ 고통을 이겨 내는 가장 좋은 방법은 무엇이라고 생각합니까?

본문 질문

❶ 하나님이 그랄 왕 아비멜렉과 언약을 맺은 아브라함을 찾으신 이유는 무엇입니까(1절)?

*시험: '보다, 시도하다'라는 뜻이다. 하나님이 시련으로 사람들의 신앙을 직접 알아보시는(test) 것을 의미한다.

❷ 하나님은 아브라함에게 어떤 명령을 하셨습니까? 그 명령에 아브라함은 어떻게 반응했습니까(2-3절)?

*모리아(2절): 예루살렘 북동쪽 곧 브엘세바 북쪽 80km 지점의 바위 언덕으로, 장차 성전이 건축될 거룩한 곳이었다.

❸ 아브라함은 어떤 확신을 갖고 이삭과 함께 모리아 산에 올랐습니까(5, 8절)?

❹ 아브라함이 이삭을 제물로 드리려고 할 때, 하나님은 어떻게 반응하셨습니까(12절)?

❺ 다음 글을 읽고 하나님의 자녀가 겪는 고통의 의미에 대해서 정리해 보십시오.

> 패트(Pat) 목사는 몇 년 전 서울에서 열리는 전도 집회를 인도하기 위해 공항에서 비행기 시간을 기다리고 있었다. 그런데 그가 서 있던 대합실 주변에 괴한이 설치한 시한폭탄이 있었다. 곧 폭탄이 터졌고, 많은 사람이 죽거나 중상을 입었다. 패트 목사도 오른쪽 다리를 잃었지만 다행히 목숨은 건질 수 있었다. 이날의 사건으로 누군가 그에게 하나님이 원망스럽지 않냐고 묻자 그는 다음과 같이 대답했다. "아니요, 하나님은 폭탄이 이미 장치되어 있다는 것을 알고 계셨습니다. 내가 거기에 있다는 것도요. 나는 그 폭발이 우연한 사고라고 생각하지 않습니다. 하나님께서 하시는 일에 우연이란 없습니다. 그분은 분명히 나를 위해 기적과 같은 계획을 가지고 계셨습니다. 나는 그것을 잘 몰랐을 뿐입니다. 하지만 이제 압니다. 그 사고 이후에 나는 수백만 명의 사람들에게 복음을 전하게 됐습니다. 나는 폭발의 희생자가 아니라 덕을 본 사람입니다."
>
> —옥한흠, 『고통에는 뜻이 있다』

❻ 하나님은 아브라함이 번제를 드릴 수 있도록 무엇을 준비하셨습니까(13절)?

❼ 아브라함은 하나님께 제사 드린 땅을 무엇이라고 불렀습니까(14절)?

*여호와 이레: '여호와께서 준비하신다'라는 뜻이다. 아브라함을 위해 숫양을 준비하신 하나님은 우리를 위해 어린 양 예수를 준비하고 계셨다.

❽ 하나님이 시험을 통과한 아브라함에게 주신 복은 무엇입니까(17-18절)?

더 깊은 연구와 묵상을 위하여

❶ 성경은 예수님을 어떻게 묘사하고 있습니까(벧전 1:18-19)?

❷ 아브라함은 하나님이 어떤 분이신 것을 믿고 신뢰했습니까(히 11:19)?

적용을 위한 글

말년에 얻은 이삭으로 인해 기뻐했던 아브라함에게 하나님은 더 큰 믿음을 요구하셨다. 그것은 어떤 상황에서도 하나님을 사랑하고 의지하는 믿음이었다. 하나님은 그의 믿음을 시험하시기 위해 이삭을 번제로 바치라고 명령하셨다. 아브라함은 하나님을 향한 절대적인 신뢰로 이 시험을 통과했다. 그는 이미 자신의 인생을 통해 하나님의 신실하심과 전능하심을 여러 번 확인했다. 그래서 자신에게 주신 이삭을 번제로 드려도 하나님이 반드시 그를 살리실 거라고 확신했다(히 11:19). 하나님께 흔들리지 않는 믿음과 신뢰를 보인 아브라함은 자손의 번성과 그들로 인해 천한 만민이 복을 받는 은혜를 받았다.

적용 및 결단을 위한 질문

❶ 여러분의 신앙을 성장시키기 위해서 하나님이 주셨던 시험은 무엇입니까?

❷ 그리스도인이 시험을 통과할 수 있는 유일한 방법은 무엇입니까?

5. 경건은 하나님을 찬양하는 것이다

✢ **본문** 누가복음 2:22-35

✢ **외울 말씀** 이방을 비추는 빛이요 주의 백성 이스라엘의 영광이니이다 하니 (32절)

도입을 위한 글

미국의 멀린 캐로더스(Merlin Carothers) 목사가 쓴 『감옥생활에서 찬송생활로』라는 책이 있다. 이 책은 35개 언어로 번역되어 1,000만 부 이상 판매된 베스트셀러다. 이 책에서 그는 찬송과 감사의 능력이 얼마나 위대한가를 보여 준다. 사실 그는 젊은 시절 방탕하게 살다가 감옥까지 갔던 청년이었다. 그러다가 제2차 세계대전이 발발하고 형을 감면받으려 자원입대를 했는데, 그때 전장에서 하나님을 만나고 군목이 됐다. 그는 군목으로, 전도자로 활동하며 매사에 감사하고 찬양하는 것의 힘을 삶으로 보여 줬다. 한 번은 그가 심한 두통으로 고통스러워하고 있었다. 그때 하나님은 '너는 두통을 찬양해야만 한다'라는 마음을 주셨다. 멀린은 이해되지 않았지만 순종하는 마음으로 찬양하며 기도했다. 열심히 찬양하며 기도하는 가운데, 어느 순간 주체할 수 없는 기쁨과 감동이 밀려오면서 두통이 씻은 듯이 사라졌다. 멀린은 이런 경험을 한 후에, "하나님은 우리의 찬양과 기도를 너무나 듣고 싶어 하신다. 그 이유는 하나님께서 우리의 아버지이시기 때문이다"라고 말했다.

도입을 위한 질문

❶ 여러분은 어떤 상황에서 하나님을 찬양합니까?

❷ 찬양할 수 없는 상황에서도 하나님을 찬양해서 받은 은혜가 있다면 나눠 보십시오.

본문 질문

❶ 요셉과 마리아가 아기 예수님을 데리고 예루살렘에 올라간 이유는 무엇입니까(22-24절)?

*정결예식(22절): '깨끗하게 하다'라는 말에서 파생된 단어로, 레위기 정결 규례에 따라 부정해진 몸을 정결하게 하는 의식을 뜻한다.

❷ 예루살렘에 살고 있었던 시므온은 어떤 사람입니까(25절)?

❸ 시므온이 받은 성령님의 지시는 무엇입니까(26절)?

❹ 시므온은 아기 예수님을 안고 하나님께 어떤 찬송을 드렸습니까(29-32절)?

*주재(29절): 무소불위의 절대 권세를 가진 주(主)를 의미한다. '절대 군주'란 뜻의 영어 'depot'는 여기서 유래했다.

❺ 다음 글을 읽고 찬양의 의미에 대해서 정리해 보십시오.

A.W. 토저(A.W. Tozer)의 글에서 "하나님을 이해하는 것은 불가능하다"라는 이야기를 본 적이 있다. 나는 그의 의견에 100% 동의한다. 우리는 하나님이 알려 주시는 데까지만 하나님께 접근할 수 있다. 그분을 정확하게 정의하고 개념화한다는 것은 불가능하다. 또한 칼빈은 단지 호기심으로 하나님을 알아가는 것을 경계하라고 했고, 그럼에도 불구하고 하나님에 관해 '아무 것도 알 수 없다'라고 생각하며 쉽게 포기하는 것 또한 안 된다고 주장했다. 나는 이 의견 역시 전적으로 동감한다. 찬양의 본질은 '찬양하는 행위'에 있지 않고 '찬양의 대상을 아는 지식'에 있다고 생각한다. 그것이야말로 참된 찬양으로 우리를 인도할 것이다. 그렇기 때문에 비록 우리의 언어로 다 표현할 수 없는 하나님이실지라도, 그분에 대해 알아가고자 하는 열망은 분명히 우리의 신앙에 큰 유익이 될 것이다.

-박광리, 『찬양을 온몸에 새겨라』

❻ 시므온의 찬송을 듣고 요셉과 마리아는 어떻게 반응했습니까(33절)?

❼ 시므온은 예수님께서 앞으로 어떤 사역을 하실 거라고 예언했습니까(34절)?

❽ 시므온은 또 예수님으로 인해 마리아가 어떤 상황에 놓이게 될 것이라고 말했습니까(35절)?

*칼: 장차 예수님이 십자가에 달릴 때 마리아가 겪을 슬픔을 가리킨다.

더 깊은 연구와 묵상을 위하여

❶ 장성한 예수님이 회당에서 선포하신 당신의 사역은 무엇입니까(눅 4:18-19)?

❷ 다윗은 원수의 손에서 구원받은 날 하나님을 어떤 분이라고 표현하며 찬양드렸습니까(삼하 22:1-4)?

적용을 위한 글

시므온은 자국 이스라엘에게 하나님의 구원과 위로가 임하길 사모했던 의롭고 경건한 사람이었다. 그래서 그는 성령님의 인도하심에 따라 구원을 이루실 아기 예수님을 성전에서 만났다. 그토록 기다렸던 구원자를 만난 시므온은 하나님께 찬양을 드렸다. 그의 찬양처럼 예수님은 만민을 위해 준비하신 주의 구원이요, 빛이며, 주의 백성인 우리에게 영광 그 자체다. 시므온처럼 우리도 매 순간 예배와 기도라는 경건 생활을 통해서 하나님이 보여 주시는 구원자 예수님을 깊이 만나야 한다. 그래야 하나님을 향한 진정한 감사가 찬양으로 터져 나오게 된다.

적용 및 결단을 위한 질문

❶ 하나님의 위로가 우리 가정, 교회, 나라에 임하기 위해 지금 여러분이 할 수 있는 일은 무엇입니까?

❷ 여러분의 기도에는 위로와 구원을 주신 하나님을 향한 감사와 찬양이 있습니까?

6. 경건은 하나님께 감사하는 것이다

✣ **본문** 시편 30:1-12

✣ **외울 말씀** 이는 잠잠하지 아니하고 내 영광으로 주를 찬송하게 하심이니 여호와 나의 하나님이여 내가 주께 영원히 감사하리이다 (12절)

도입을 위한 글

세계에서 가장 영향력 있는 여성으로 꼽히는 오프라 윈프리(Oprah Winfrey)는 미국의 여성방송인으로서 '오프라 윈프리 쇼'의 진행자로도 유명하다. 그녀는 1954년 1월 사생아로 태어나 9살에 사촌에게 성폭행을 당하고, 14살 때 미혼모가 되고, 2주 만에 아이를 잃는 등 불우한 어린 시절을 보냈다. 이처럼 기구한 그녀의 삶은 친아버지와 살게 되면서 변화되기 시작했다. 그녀는 매주 책을 읽었고, 성경을 읽고 암송하는 훈련도 받았다. 이후 그녀는 19살에 지역의 저녁 뉴스 공동 캐스터가 됐다. 하지만 즉흥적 감정 전달로 인해 아침 토크쇼로 좌천됐다. 그녀는 첫 아침 방송 후 이렇게 말했다. "나는 하나님께 감사했어요. 이제야 진정한 내 일을 찾은 것 같았거든요." 그렇게 그녀의 토크쇼는 대성공을 거뒀다. 부와 명예를 모두 갖게 된 그녀는 세계에서 가장 바쁜 사람이 됐지만, 여전히 아주 사소한 것에도 감사하며 '감사일기'를 쓰고 있다.

–전광, 『평생감사』

도입을 위한 질문

❶ 여러분은 작은 것에도 감사하는 삶을 살고 있습니까?

❷ 오늘 여러분이 하나님께 올릴 감사기도는 무엇입니까?

본문 질문

❶ 시편 기자가 하나님을 높이는 이유는 무엇입니까(1–3절)?

절 수	하나님을 높이는 이유
1절	
2절	
3절	

❷ 성도들에게 하나님은 어떤 분이십니까? 또 그분이 주시는 은혜는 무엇입니까(4–5절)?

❸ 시편 기자는 우리가 누구 안에 있을 때 안전하다고 말했습니까(7절)?

❹ 시편 기자는 절망적인 상황에서 누구에게 도움을 구했습니까(8–9절)?

❺ 다음 글을 읽고 성경이 말하는 감사의 의미에 대해서 정리해 보십시오.

> 성경에서의 감사는 백성이 하나님께 마땅히 드려야 할 반응을 뜻한다. 감사에 대한 근거는 언약에 대한 하나님의 신실하심(시 57:9–10, 107:8, 138:2), 원수와 사망으로부터 자기 백성을 보호하고 구원하심이다. 또한 하나님은 최후 심판에의 기대(시 75편), 죄인들을 향한 그의 긍휼(사 12:1), 이적적 치유(눅 17:16), 그의 구원 행동(눅 2:38)으로 인해 감사를 받으신다. 이방인의 근본적인 죄는 "하나님을 알되 영화롭게도 아니하며 감사하지도 아니"(롬 1:21)했던 그들의 실패에 있다고 한다. 참감사는 행위로 이뤄지지 않고 마음의 성향으로 이뤄지며, 사람들은 하나님께 감사함으로 더 가까이 가게 되어 하나님의 구원을 볼 수 있게 된다(시 50:23). 사람이 단지 그가 가지고 있는 소유로 인해 감사한다면, 그는 하나님의 은혜에 대해 응답하는 것이라기보다는 자만과 자기기만을 드러내는 것에 불과하다(눅 18:11–14; 고전 4:7).
>
> –아가페 『성경사전』, '감사' 중

❻ 시편 기자는 성도가 도움을 구할 때 하나님이 어떻게 반응하실 거라 믿습니까(10절)?

❼ 하나님은 성도의 슬픔과 절망을 어떻게 변화시켜 주셨습니까(11절)?

*베옷을 벗기고: '베옷'이란 애통하거나 참회의 시간에 입는 의복이다. 따라서 베옷을 벗긴다는 말은 기쁨과 평안과 회복을 의미한다.

❽ 성도는 은혜를 주시는 하나님께 어떻게 찬송하고 감사해야 합니까(12절)?

더 깊은 연구와 묵상을 위하여

❶ 주의 성도들은 무엇을 기억하며 하나님께 감사드려야 합니까(4절)?

❷ 사도 바울은 성도를 향한 하나님의 뜻이 무엇이라고 말했습니까(살전 5:16-18)?

적용을 위한 글

시편 30편은 삶의 과정에서 하나님이 거듭 베푸시는 보살핌과 구원에 대한 다윗의 개인적 감사로 채워져 있다. 다윗은 하나님께 드리는 감사가 자기 자신만으로 그치는 것이 아니라 동료 예배자들도 동참하길 갈망하고 있다(4절). 이처럼 감사는 자신의 삶에서 일하시는 하나님을 경험할 때 나올 수 있는 거룩한 감정이다. 특별히 슬픔이 기쁨으로 변하는 경험을 통해 하나님을 더욱 의지하고, 다른 사람들에게 그분을 증거하며 찬양하는 삶이야말로 경건한 성도의 참된 모습이다.

적용 및 결단을 위한 질문

❶ 지금까지 하나님이 여러분의 삶을 인도해 주신 경험을 나눠 보십시오.

❷ 여러분은 하나님이 베푸신 보살핌과 구원에 어떻게 감사하고 있습니까?

7. 경건은 말씀을 묵상하는 것이다

⚜ **본문** 시편 1:1-6

⚜ **외울 말씀** 오직 여호와의 율법을 즐거워하여 그의 율법을 주야로 묵상하는도다 (2절)

도입을 위한 글

지나간 신앙의 여정 중 유일한 후회가 있다면, 젊었을 때 좀 더 많은 성경 말씀을 암송하지 못한 것이다. 그나마 외우고 있는 모든 성경 말씀은 처음 믿음의 삶을 시작할 때 선교사님의 권고로 시작했던 네비게이토 주제별 암송 카드에 적힌 말씀들이었다. 지금도 전도할 때 혹은 홀로 있는 시간에 문득문득 떠오르는데, 그 성경 말씀들이 모두 청년 시절에 암송했던 말씀들이다. 성경 말씀 암송은 예수님의 가장 거룩한 습관이었다. 공생애를 광야에서 말씀 암송으로 시작하신 예수님은 십자가에서 말씀을 암송하시며 생애를 마무리하셨다. "엘리 엘리 라마 사박다니 하시니 이는 곧 나의 하나님, 나의 하나님, 어찌하여 나를 버리셨나이까 하는 뜻이라"(마 27:46), "아버지 내 영혼을 아버지 손에 부탁하나이다"(눅 23:46). 이처럼 예수님은 십자가에 달린 고통스러운 순간에도 암송하신 말씀을 묵상하셨다. 말씀을 기억하며 고통의 시간을 견디셨고, 마침내 속죄의 거룩한 소명을 이루신 절정에 "다 이루었다"라고 외치셨다. 이 거룩한 주님의 습관인 '말씀 암송'을 자신의 습관으로 만들라. —이동원, 『예수님의 거룩한 습관』

도입을 위한 질문

❶ 여러분의 인생을 붙잡아 주는 말씀은 무엇입니까?

❷ 여러분은 말씀을 묵상하는 가운데 하나님을 깊이 만난 경험이 있습니까?

본문 질문

❶ 복 있는 사람이 거부하는 삶의 모습은 무엇입니까(1절)?

*복 있는 사람: '사람의 복들'이라는 뜻이다. 여기서 '복'이란 '하나님이 주신 은총, 번영' 등을 의미한다.

사고방식(악인들의 꾀)	
삶의 방향(죄인들의 길)	
삶의 주인(오만한 자들의 자리)	

❷ 복 있는 사람이 추구하는 삶의 모습은 무엇입니까(2절)?

*묵상하는도다: '생각(명상)하다, 조그마한 소리로 읊조리다'라는 뜻이다.

❸ 복 있는 사람이 누리는 복은 무엇입니까(3절)?

❹ 악인들의 인생은 어떻습니까(4절)?

*겨: 탈곡할 때 제거되는 껍질과 지푸라기를 말한다. 하나님의 언약을 거부하는 자들은 어느 누구에게도 유익을 주지 못한다는 점에서 겨와 같다.

❺ 다음 글을 읽고 말씀의 능력에 대해서 정리해 보십시오.

전 세계에서 성경 다음으로 많이 읽히는 책은 존 번연(John Bunyan)의 『천로역정』이다. 이 책은 그리스도인이 천국으로 가는 도중 갑자기 다가오는 유혹과 장애물을 어떻게 극복해야 하는지를 보여 준다. 또한 하나님의 말씀이 그리스도인들을 지켜 주고 승리를 가져오는 가장 위대한 무기라는 것을 알려 준다. 다음은 '강심장'(Mr. Great heart)이 전투 후에 '진리의 용사'(Mr. Valiant-for-truth)에게 하는 말이다. "당신은 참으로 이름에 걸맞게 행동했습니다. 당신의 검을 볼 수 있을까요? 이거야말로 예루살렘 검이군요! 사람마다 이 검을 갖게 하세요. 그 칼은 우리의 육신뿐 아니라 뼈를 자르고 영혼과 모든 것을 자르는 힘을 갖고 있어요." 이 말처럼 성경 말씀은 하나님의 검이다. 이것은 모든 싸움에서 우리를 지켜 주는 능력이다. 이 진리의 말씀이 가슴에 스며들기만 하면, 골수와 영혼을 쪼개어 죽은 자를 살려내고 산 자를 거룩하게 만들 수 있다.

—류응렬, 『에베소서 설교하기』

❻ 악인들이 반드시 겪게 될 불행 2가지는 무엇입니까(5절)?

❼ 하나님은 의인들의 길을 어떻게 보십니까(6절上)?

❽ 하나님은 악인들의 길을 어떻게 심판하십니까(6절下)?

더 깊은 연구와 묵상을 위하여

❶ 예수님은 복 있는 사람의 성품이 어떠하다고 말씀하셨습니까(마 5:3–10)?

❷ 하나님의 말씀은 성도들에게 어떤 유익이 있습니까(딤후 3:16–17)?

적용을 위한 글

시편 1편은 시편 전체로 들어가는 출입구 역할을 한다. 또한 하나님을 진실하게 경배하는 자들은 하나님의 율법, 즉 하나님의 언약적 교훈을 받아들여야 한다는 사실을 강조하고 있다. 하나님은 말씀을 묵상하고 그 말씀대로 걸어가는 '복 있는 자'에게 '형통'이라는 은혜를 허락하신다. 반대로 하나님을 거부하고 그분의 말씀대로 살지 않는 악인들은 반드시 망한다. 이 명백한 진실 앞에서 성도들은 매 순간 복 있는 사람의 길을 걸어가야 할 것이다.

적용 및 결단을 위한 질문

❶ 지금 여러분은 의인의 길과 악인의 길 중 어느 쪽에 서 있습니까?

❷ 하나님의 말씀을 묵상하기 위해 여러분은 무엇을 붙잡고 무엇을 끊어 내야 합니까?

8. 경건은 예수님을 본받는 것이다

✤ **본문** 마태복음 16:21-28

✤ **외울 말씀** 이에 예수께서 제자들에게 이르시되 누구든지 나를 따라오려거든 자기를 부인하고 자기 십자가를 지고 나를 따를 것이니라 (24절)

도입을 위한 글

보톨도 지오바니(Bertoldo di Giovanni)는 미켈란젤로(Michelangelo)의 스승이다. 미켈란젤로가 14살 때, 문하생이 되기 위해서 보톨도를 찾아왔다. 보톨도는 "위대한 조각가가 되기 위해서는 네 기술을 무엇을 위하여 사용할 것인가를 먼저 결정해야 한다"라고 말해 주며 미켈란젤로에게 두 곳을 구경시켜 줬다. 먼저 술집으로 가서 입구에 있는 아름다운 조각을 보여 줬다. 다음으로 거대한 성당으로 가서 아름다운 조각을 보여 줬다. "똑같이 아름다운 조각이지만 하나는 하나님의 영광을 위해서, 또 하나는 쾌락을 위해서 세워졌다. 너는 네 기술과 재능을 무엇을 위하여 사용하기 원하느냐?" 스승의 물음에 미켈란젤로는 세 번씩 대답했다. "하나님을 위하여, 하나님을 위하여, 하나님을 위하여 사용하겠습니다!" 우리는 각자 가지고 있는 몸, 시간, 기회 등을 무엇을 위해서 사용하고 있는가?

—이동원, 『짧은 이야기 긴 감동』

도입을 위한 질문

❶ 여러분의 인생에서 가장 기억에 남는 스승은 누구입니까?

❷ 여러분의 앞길을 바르게 인도할 가장 훌륭한 스승은 누구입니까?

본문 질문

❶ 갈릴리 사역을 마치신 예수님은 제자들에게 어떤 일들을 예언하셨습니까(21절)?

❷ 베드로는 예수님이 당하실 고난을 듣고 어떻게 반응했습니까(22절)?

*그리 마옵소서: 직역하면 '당신에게 (하나님의) 자비가 임하시기를'이다. 하나님의 자비가 함께하여 예수님이 고난을 받고 죽임을 당하는 일이 일어나지 않기를 바라는 베드로의 간절한 심정이 나타난 표현이다.

❸ 예수님은 베드로의 반응을 보시고 어떻게 꾸짖으셨습니까(23절)?

*사탄: 사탄은 베드로를 통해 예수님의 사명(고난과 죽음)을 방해하려 했다.

❹ 사탄이 사람에게 주는 마음은 무엇입니까(23절)?

❺ 다음 글을 읽고 '자기 부인(否認)'에 대해서 정리해 보십시오.

우리는 그리스도의 삶을 살도록 부르심을 받았고, 그리스도는 우리 안에서 당신의 삶을 살기 위해 오셨다. 우리는 먼저 자기를 부인하는 법을 배워야 한다. 그리스도를 따르고, 그분의 교훈을 듣고, 그분께 우리 자신을 바침으로써 그분이 우리의 모든 것이 되도록 해야 한다. 그럴 때에만 비로소 자기 부인이 그리스도의 능력으로 말미암아 복되고 변함없는 현실로 다가올 것이다. 결단을 내리는 모임에서 한 번 맹세하고, 순종하는 일은 쉽다. 그것이 한 번으로 그치지 않고 그리스도의 죽으심의 권세가 매일 우리 안에서 역사하도록 해야 한다. —앤드류 머레이, 『나를 허물고 주님을 세우는 삶』

❻ 예수님은 제자들에게 당신을 따라오려거든 어떻게 하라고 말씀하셨습니까(24절)?

❼ 제자들이 세속적인 삶을 버리고 자기 십자가를 져야 하는 이유는 무엇입니까(25–27절)?

절 수	십자가를 져야 하는 이유
25절	
26절	
27절	

❽ 십자가의 길을 걷는 제자들이 반드시 누리는 은혜는 무엇입니까(27–28절)?

더 깊은 연구와 묵상을 위하여

❶ 베드로는 예수님이 하늘의 왕권을 가진 메시아이심을 어디서 확인했습니까(마 17:5)?

❷ 사탄은 가룟 유다에게 어떤 마음을 줬습니까(눅 22:3–4)?

적용을 위한 글

갈릴리 사역을 마치신 예수님은 제자들에게 메시아인 자신이 이 땅에서 감당해야 할 사명이 무엇인지 알려 주셨다. 그것은 바로 인간의 죄를 용서하기 위한 고난과 희생이다. 하지만 세속적인 삶, 곧 돈과 명예와 쾌락을 추구했던 베드로와 제자들에게 메시아의 고난과 희생은 이해할 수 없는 영역이었다. 이런 제자들에게 예수님은 자신처럼 하나님의 뜻을 이루기 위해 철저하게 자기 뜻을 부인하고 십자가라는 고난과 희생마저도 마땅히 받으라고 명령하셨다. 예수님처럼 우리도 날마다 자기를 부인하고 십자가를 질 때, 예수님의 부활과 영생이 우리 것이 된다.

적용 및 결단을 위한 질문

❶ 여러분이 철저하게 부인해야 할 자기 뜻은 무엇입니까?

❷ 여러분의 삶 가운데 하나님의 뜻을 이루기 위해 희생해야 할 부분은 무엇입니까?

9. 경건은 이웃을 사랑하는 것이다

✤ **본문** 누가복음 10:25-37

✤ **외울 말씀** 이르되 자비를 베푼 자니이다 예수께서 이르시되 가서 너도 이와 같이 하라 하시니라 (37절)

도입을 위한 글

16세기 당시, 네덜란드는 스페인의 통치 아래에 있으면서 개신교 운동이 심각하게 탄압을 받고 있었다. 그때 덕 윌렘스(Dirk Willems)라는 신실한 그리스도인이 주님의 가르침을 따르다가 1569년 체포됐다. 이후 윌렘스는 간신히 감옥을 탈출해 얼음이 언 연못을 가로질러 도망쳤다. 그 뒤를 간수가 사력을 다해 쫓고 있었다. 그러다 간수가 연못에 빠졌다. 다급해진 간수는 살려달라고 소리쳤다. 윌렘스는 도망을 포기하고 간수를 구했다. 원수까지도 사랑하라는 주님의 말씀을 외면할 수 없었기 때문이다. 결국 그는 다시 체포됐고, 아스페렌으로 끌려가 화형을 당했다. 그는 원수까지도 사랑하는 실천이 얼마나 숭고한 희생인가를 보여 줬고, 그 사랑을 실천하기 위해 자기 목숨을 대가로 지불했다.

—이상규, 『예수 따라가며 복음 순종하면』

도입을 위한 질문

❶ 여러분이 생각하는 이웃의 범위는 어디까지입니까?

❷ 하나님의 자녀는 어떤 마음으로 이웃을 사랑해야 합니까?

본문 질문

❶ 율법교사는 예수님을 시험하기 위해 어떤 질문을 했습니까(25절)?

*율법교사: 율법에 정통한 사람. 곧 율법에 해박한 지식을 지닌 율법 전문가를 말한다. 이들은 주로 바리새파에 속해 있었고 궁정 율법교사와 회당 율법교사로 나뉜다(눅 7:30; 딛 3:13).

❷ 예수님이 율법교사에게 가르쳐 주신 '영생'을 얻는 비결은 무엇입니까(26-28절)?

❸ 율법교사는 자기를 옳게 보이기 위해 예수님께 어떤 질문을 했습니까(29절)?

❹ 예수님의 비유에 등장한 한 사람은 어떤 일을 당했습니까(30절)?

*여리고: 해발 760m의 예루살렘에서 해수면보다 250m 낮은 여리고로 향하는 길은, 급한 내리막길이었으며 지형이 험악하여 강도들의 출몰이 잦았다.

❺ 다음 글을 읽고 이웃 사랑의 의미에 대해서 정리해 보십시오.

하나님은 우리의 영향권 안에 있는 모든 사람에게 복음을 전하기 원하신다. 그 안에는 우리를 좋아하지 않는 사람도 있고, 우리가 사랑하고 싶지 않은 사람도 있다. 우리가 예수님의 이름으로 사람들을 사랑할 때, 우리는 예수 그리스도를 사랑하는 것이다. 나를 사랑하는 사람을 사랑하는 일은 쉽고, 나를 미워하는 사람을 사랑하는 일은 어렵다. 하지만 도저히 사랑할 수 없는 사람도 예수님께서 그 죄를 대신하여 죽으신 하나님의 자녀임을 기억한다면 사랑할 수 있다. 물론 내가 죽어야 하는 고통이 따르지만, 그 고통은 그리스도의 온전하심으로 들어가는 통로가 된다. 우리 모두 마음과 목숨과 뜻을 다해 이웃을 사랑함으로 주님을 사랑하자.

–오스카 톰슨, 『관계 중심 전도』

❻ 제사장과 레위인은 강도 맞은 사람을 어떻게 대했습니까(31–32절)?

*레위인(32절): 야곱의 열두 아들 중 3남인 레위 자손들이다. 제사장들을 도와 일평생 성전 봉사를 주업으로 한 성직자들이었다.

❼ 사마리아 사람은 강도 맞은 사람을 어떻게 대했습니까(33-35절)?

*데나리온(35절): 신약 시대에 로마인들이 발행했던 은화. 1데나리온은 노동자의 하루 품삯에 해당한다.

절 수	사마리아 사람의 행동
33절	
34절	
35절	

❽ 율법교사는 강도 맞은 사람의 이웃이 누구라고 대답했습니까? 그 대답에 예수님은 어떤 가르침을 주셨습니까(36-37절)?

더 깊은 연구와 묵상을 위하여

❶ 제사장과 레위인이 강도 맞은 사람을 피한 이유는 무엇입니까(민 19:16)?

❷ 이스라엘 백성들에게 사마리아 사람은 어떤 존재였습니까(요 4:9)?

적용을 위한 글

우리는 율법교사처럼 내 이웃과 내 이웃이 아닌 사람을 구별해서 사랑하려는 잘못을 범하는 경우가 많다. 하지만 예수님은 천국 백성들이라면 원수마저도 사랑해야 한다고 말씀하셨다(마 5:44). 예수님은 율법교사의 잘못된 이웃 사랑을 깨우쳐 주기 위해 자비를 베푼 착한 사마리아 사람의 이야기를 들려주셨다. 예수님은 이 비유를 통해 우리가 영생을 얻기 위해 "누가 내 이웃입니까?"가 아닌 "내가 어떻게 이웃이 될 수 있습니까?"라는 질문을 해야 한다고 말씀하신다. '어떤 사람에게든지 자비를 베푸는 것'이 바로 천국 백성들이 기억하고 실천해야 하는 경건이다.

적용 및 결단을 위한 질문

❶ 여러분은 혹시 율법교사처럼 사랑할 수 있는 사람에게만 자비를 베풀고 있지는 않습니까?

❷ 여러분이 자비를 베풀어야 할 이웃은 누구입니까?

10. 경건은 진리를 지키는 것이다

본문 디모데후서 3:1-12

외울 말씀 무릇 그리스도 예수 안에서 경건하게 살고자 하는 자는 박해를 받으리라 (12절)

도입을 위한 글

17세기 말엽, 프랑스 남부의 메리 듀란트(Maria Durant)라는 소녀가 위그노 이단에 속했다는 죄목으로 당국자들 앞에 끌려왔다. 그녀는 위그노 신앙을 버리라는 요구를 받았지만 응하지 않았고, 결국 30명의 다른 위그노 여인들과 함께 바다로 둘러싸인 탑에 수감됐다. 이후 38년 동안 계속 갇혀 있었지만 그녀는 신앙을 버리겠다고 말하지 않았고, 동료 순교자들과 함께 감옥 벽에 단어 하나를 새겨 놓았다. 그것은 '인내'라는 단어였다. 인내는 불평이나 환멸감 없이 '기다리고 견디는' 능력이다. 예상하지 못한 장소에서 기다리며, 예상하지 못했던 변화를 견디는 것이다. 일시적인 소망이 우리가 가진 유일한 소망이었다면, 우리는 순교자들의 인내를 이해하지 못했을 것이다. 순교자들이 무수한 핍박 속에서도 인내하며 지켰던 것은 이 세상 너머까지 이어지는 장래의 은혜에 대한 소망이었다.

—존 파이퍼, 『은혜, 구원을 딛고 삶 속으로』

도입을 위한 질문

❶ 여러분은 신앙생활 중 어려움이 생길 때 주로 어떻게 반응합니까?

❷ 믿음을 지키기 위해 여러분이 붙잡아야 할 것은 무엇입니까?

본문 질문

❶ 바울은 말세에 무엇이 온다고 말했습니까(1절)?

❷ 말세의 특징은 무엇입니까(2-4절)?

*자만하여(4절): '연기를 내다'라는 단어에서 파생된 것으로 '자기를 과장하여 부풀린다'라는 뜻이다.

❸ 경건의 모양만 있고 능력이 없는 사람들에게 어떻게 대해야 합니까(5절)?

*경건: 거룩함, 경외, 믿음, 하나님께 대한 사랑과 헌신을 포함한 진정한 경건을 의미한다.

❹ 교회 안의 진리를 무너뜨리는 거짓 교사들의 특징은 무엇이며, 그들의 끝은 어떠합니까(8–9절)?

❺ 다음 글을 읽고 성경이 말하는 죄의 의미에 대해서 정리해 보십시오.

성경에서 '죄'를 의미하는 용어는 히브리어로는 '하타', 헬라어로는 '하마르티아'다. 똑같이 '과녁에서 벗어났다'라는 뜻이다. 그런데 화살이 과녁에서 벗어난 것이 어째서 죄가 되는가? 이 말의 기원이 고대 수렵 사회에서 나왔다는 것을 생각하면 이해가 된다. 예를 들면, 누군가 목표물을 향해서 활을 조준하고 쐈다. 이때 목표물을 명중시키지 못한다고 해서 그대로 끝나는 것이 아니다. 목표물의 공격을 받아서 활 쏜 사람이나 동료가 죽게 되거나 누군가 잘못 날아간 화살에 맞을 수도 있다. 다시 말해, 자신과 공동체의 안전이 위협받는 것이다. 이제 목표물은 하나님으로 바뀌었다. 죄란 하나님과 하나님이 정하신 원래의 목적에서 이탈한 것이다. 그래서 존재의 의미를 상실하거나 지킬 수 있는 생명을 지키지 못한 것을 의미한다.

–황명환, 『바울, 경건을 가르치다』

❻ 바울은 디모데가 진리를 지킬 수 있도록 자신의 어떤 모습을 강조했습니까(10-11절)?

*의향(10절): '앞에 두다'라는 말에서 파생됐다. 앞으로의 목적이나 계획을 의미한다.

❼ 주님은 진리를 지켜 나간 바울에게 어떤 은혜를 주셨습니까(11절)?

❽ 경건한 삶을 살고자 하는 그리스도인에게는 무엇이 나타납니까(12절)?

더 깊은 연구와 묵상을 위하여

❶ 이 세상의 유일한 진리이신 분은 누구입니까(요 14:6)?

❷ 진리를 알고 진리대로 살기 위한 유일한 방법은 무엇입니까(딤후 3:15)?

적용을 위한 글

사도 바울은 제자 디모데에게 하나님보다 자신을 더 사랑하는 말세의 때를 경고한다. 하나님을 향한 사랑과 진리를 지키려는 노력이 없다면, 경건의 모양은 있으나 능력이 없는 가짜 신앙이다. 바울은 이런 거짓 교사들에게서 돌아서라고 강력하게 명령한다. 그리고 진리 수호를 위해 고난의 길을 걸었던 자신과 그 가운데서 자신을 구원하신 하나님의 은혜를 선포한다(11절). 이처럼 예수님 안에서 하나님을 사랑하며 경건하게 살아갈 때, 자기 사랑에만 빠져 있는 세상에 의해 박해를 받게 된다(12절). 하지만 박해 속에서 피어난 경건은 반드시 이를 이길 능력이 있다.

적용 및 결단을 위한 질문

❶ 지금 여러분의 경건은 모양과 능력, 둘 다 있는 참된 경건입니까?

❷ 여러분에게 경건의 능력을 무너뜨리는 자기 사랑은 무엇입니까?

11. 경건은 하나님의 전신 갑주를 입는 것이다

✢ **본문** 에베소서 6:10-20

✢ **외울 말씀** 그러므로 하나님의 전신 갑주를 취하라 이는 악한 날에 너희가 능히 대적하고 모든 일을 행한 후에 서기 위함이라 (13절)

도입을 위한 글

1979년 1월, 캄보디아를 공산화하려는 반란군과 민주 정부를 수호하려는 정부군과의 전쟁이 시작됐다. 이 싸움은 지루하고 끈질기게 계속됐다. 그러다 갑자기 포성이 그치고, 공습을 알리는 경보도 멎었다. 정부군이 항복했기 때문이다. 잠시 평화가 찾아온 듯했지만, 곧 공산군에 투항한 군인들과 공산군에 부역하지 않은 민간인들에 대한 대학살이 자행됐다. 그것은 거짓 평화였다. 우리들이 마귀의 세력과 싸울 때 긴장과 도전이 계속되다가 싸우기를 포기하면 잠시 평화가 찾아온 것 같다. 하지만 이는 캄보디아 땅에 잠시 찾아왔던 거짓 평화와 같은 것이다. 잠시 누리는 평화를 위해 영적 전투를 그만두고 항복하겠는가? 그들은 단지 우리들이 그리스도의 군사로서 싸움을 그치고 항복하는 것으로 만족하지 않는다. 민주주의 편에 서서 싸웠다는 이유로 끔찍하게 학살당했던 캄보디아 민간인들처럼, 마귀는 우리 안에 있는 그리스도의 생명을 죽이는 데까지 나가야 만족할 것이다.

–김남준, 『그리스도인의 삶 영적 전투』

도입을 위한 질문

❶ 여러분은 지금 어떤 평화를 누리고 있습니까?

❷ 그리스도의 군사로서 여러분은 승리를 위해 무엇을 준비해야 합니까?

본문 질문

❶ 신앙적으로 강건하기 위해 매 순간 누구를 의지해야 합니까(10절)?

❷ 마귀의 간계를 이기기 위해 우리는 무엇을 입어야 합니까(11절)?

*전신 갑주: '모든'과 '무기'의 합성어다. 모든 공격 무기와 방어 무기로 무장한 완전 군장 상태를 의미한다.

❸ 바울은 성도들이 이 땅에서 항상 싸워야 할 대상이 누구라고 말합니까(12절)?

❹ 전신 갑주를 입은 성도는 영적 전투 속에서 무엇이 가능합니까(13절)?

❺ 다음 글을 읽고 영적 전투에서 승리하는 비결에 대해서 정리해 보십시오.

미국의 선교사 아도니람 저드슨(Adoniram Judson)이 1812년에 인도에서 일하고 있던 영국의 위대한 선교사 윌리엄 캐리(William Carey)를 방문했다. 캐리는 3번이나 살해를 당할 뻔했고, 인도 정부의 갖은 선교 방해를 받았으며, 수고와 땀으로 이룩해 놓은 원고와 서류들이 거의 다 불타 버리는 화재를 경험했다. 저드슨은 캐리에게 어떻게 이런 수많은 역경을 딛고 다시 일어설 수 있었는지 물었다. 그러자 캐리는 저드슨을 정원 구석으로 데려가 말했다. "여기가 바로 나의 예배 장소이자 기도와 묵상의 자리입니다. 이 자리가 없었다면, 계속된 고난을 이겨 내지 못했을 것입니다. 나는 매일 새벽 5시에 이 자리에 와서 하나님께 기도합니다. 그리고 하나님이 지으신 저 꽃들을 바라보며 묵상하고 이야기를 합니다. 나는 6시경에 들어가서 아침을 먹고 하루 일과를 시작합니다. 저녁이 되면 밥을 먹고서 성경을 들고 다시 이 자리로 옵니다."

–「역경을 이겨 내는 윌리엄 캐리의 기도」

❻ 하나님이 주신 전신 갑주에는 어떤 기능이 있습니까(14–17절)?

허리 띠(14절)		호심경(14절)	
신(15절)		방패(16절)	
투구(17절)		검(17절)	

❼ 영적 전투에서 승리하기 위해 궁극적으로 필요한 것은 무엇입니까(18절)?

❽ 감옥 안에 있던 바울이 에베소 성도들에게 부탁한 기도 제목은 무엇입니까(19–20절)?

더 깊은 연구와 묵상을 위하여

❶ 예수님은 제자들이 귀신 들린 아이를 고치지 못할 때, 그들에게 무엇을 강조하셨습니까(막 9:28–29)?

❷ 말씀이 성도들에게 주는 유익은 무엇입니까(딤후 3:15-17)?

적용을 위한 글

본문은 그리스도인의 영적 전쟁을 명령하는 말씀으로, 우리의 신앙 여정에 대해 많은 것을 생각하게 한다. 영적 전투에 대한 우리의 자세를 새롭게 하며, 우리의 힘을 의지할 것이 아니라 하나님의 전신 갑주로 자신을 무장할 수 있도록 기도하게 한다. 이처럼 그리스도인은 영적으로 항상 깨어 있어야 한다. 그러기 위해선 말씀과 기도가 필수다. 이 2가지가 그리스도인을 경건한 삶으로 인도하여 하나님께 영광을 돌릴 수 있게 해 준다.

적용 및 결단을 위한 질문

❶ 여러분의 신앙생활에서 반드시 무장해야 할 전신 갑주는 무엇입니까?

❷ 여러분은 지금 영적 불모지에서 선한 싸움을 싸우고 있는 목회자들과 선교사들을 위해 무엇을 할 수 있습니까?

12. 경건은 하나님의 말씀을 행하는 것이다

✢ **본문** 야고보서 1:19-27

✢ **외울 말씀** 하나님 아버지 앞에서 정결하고 더러움이 없는 경건은 곧 고아와 과부를 그 환난중에 돌보고 또 자기를 지켜 세속에 물들지 아니하는 그것이니라 (27절)

도입을 위한 글

'조니'라는 남자가 실직하고, 어느 겨울날 식당으로 들어가는 한 쌍의 남녀에게 구걸했다. 일행 중 여인이 조니에게 돈을 주며 말했다. "이것으로 음식을 사 드시고, 용기를 잃지 마세요. 직업을 찾도록 기도할게요. 당신은 예수님의 떡을 먹는 겁니다. 이 떡을 다른 이에게도 나눠 주세요"라고 말했다. 조니는 받은 돈의 절반으로 음식을 사 먹었다. 이때 눈앞에 굶주린 노인이 보였고, 나머지 돈으로 그에게 음식을 사 주었다. 그런데 노인은 먹던 음식을 종이에 싸고 있었다. 조니가 "내일 먹으려고 합니까?" 하고 묻자, 그는 "아니오, 저 길가에 신문 배달하는 아이가 있소. 그 아이에게 나눠 주려고 합니다"라고 대답했다. 아이가 빵을 먹는 동안 길 잃은 개가 가까이 왔다. 아이는 나머지 빵을 개에게 주었다. 예수님의 떡이었다. 내가 뿌린 씨의 열매를 내가 거둘 수도 있고, 다른 사람이 즐길 수도 있다. 어떤 경우든 간에 사랑과 선행의 열매들은 우리 인생을 보다 기쁘고 즐겁게 만들어 준다.

-김득중, 『무엇이 삶을 아름답게 하는가』

도입을 위한 질문

❶ 여러분은 어려운 이웃들에게 어떤 선행의 씨앗을 뿌리고 있습니까?

❷ 여러분이 뿌린 선행의 씨앗으로 기쁨의 열매가 맺힌 경험이 있습니까?

본문 질문

❶ 성도들은 어떻게 듣고 말하고 감정을 표현해야 합니까(19절)?

❷ 성내는 사람은 무엇을 완성하지 못합니까(20절)?

*성내는 것: 이는 인간의 모든 분노가 악하다는 뜻이 아니라, 성미가 급하고 이기적인 세상의 분노는 하나님에 대한 신뢰와 타인에 대한 사랑이 결핍됐음을 드러낸다는 뜻이다.

❸ 우리 영혼을 위해 내버려야 할 것은 무엇이고 온유함으로 받을 것은 무엇입니까(21절)?

❹ 말씀을 듣기만 하고 행하지 않는 사람은 어떤 사람입니까(22-24절)?

*거울(23절): 성경에서 거울은 인간 지식의 제한성(고전 13:12), 하늘에 대한 빛(욥 37:18)과 주의 영광을 보는 것(고후 3:18)으로 비유되곤 했다. 여기서는 자유롭게 하는 율법을 설명하는 데 사용됐다.

❺ 다음 글을 읽고 믿음과 행위의 관계에 대해서 정리해 보십시오.

내가 어떤 일을 아주 확실하게 믿는다면 나는 그 신념에 따라 행동할 것이다. 내가 화학을 아는 것이 간호사 공부를 마치는 데 도움이 된다고 확신한다면 화학을 열심히 공부할 것이다. 얼음이 내려앉지 않을 것이라고 믿는다면 얼어붙은 호수 위에서 썰매를 탈 것이다. 그러므로 "얼음이 내려앉지 않을 것이라고 믿지만, 얼음 위를 걸어가지 않겠다"라고 말하는 것은 곧 믿음이 부족함을 드러내는 것이다. 나이아가라 폭포를 밧줄을 타고 건넜던 사람에 대한 이야기가 있다. 그는 외바퀴 수레를 타고 나이아가라 폭포 위에 있는 밧줄을 건넜다. 그리고 박수를 보내는 군중들에게 "여러분은 내가 이 수레에 사람을 태우고 건너갈 수 있다고 믿습니까?" 하고 물었다. 사람들은 "물론이죠!" 하고 외쳤다. 그런데 그가 "이 수레에 타실 분 계십니까?" 하고 묻자, 아무도 나서는 사람이 없었다. 진정한 믿음에는 행동이 수반된다. 여러분은 '그 수레에 올라탈 수 있는 믿음'을 가지고 있는가?

-로레인 피터슨, 『가장 좋은 친구 예수님』

❻ 말씀을 보고 실천하는 자가 누리는 은혜는 무엇입니까(25절)?

❼ 거짓 경건을 행하는 사람의 특징은 무엇입니까(26절)?

*재갈 물리지: '재갈을 물려 통제하다'라는 뜻으로, 특히 언어 생활의 절제를 상징한다.

❽ 하나님 앞에서 정결하고 더러움이 없는 경건은 무엇입니까(27절)?

더 깊은 연구와 묵상을 위하여

❶ 야고보는 행함이 없는 믿음은 어떤 것이라고 표현합니까(약 2:17)?

❷ 성도는 특별히 어떤 실수를 하지 않도록 주의해야 합니까(약 3:2)?

적용을 위한 글

살아 있는 믿음은 반드시 선한 행동으로 증명된다(약 2:18). 따라서 참된 성도란 하나님의 말씀을 자신의 삶 속에서 행하는 자다(약 1:22). 참된 성도의 경건은 추상적인 개념이 아니다. 먼저 하나님 앞에서 자기를 속이는 것을 멈추고 말을 조심하는 것이다. 두 번째로 고아와 과부처럼 주변의 어려운 이웃들을 돕는 것이다. 마지막으로 세속에 물들지 않도록 자신을 지키는 것이다. 이렇게 성령님의 도우심으로 경건을 행할 때 그 인생은 반드시 복된 인생이 될 것이다(약 1:25).

적용 및 결단을 위한 질문

❶ 여러분의 믿음은 머리에 머물러 있습니까, 아니면 삶 속에서 선한 행동으로 나타나고 있습니까?

❷ 여러분이 회복해야 할 경건의 모습은 무엇입니까?

클래식 도서

현대인을 위한 어거스틴의 참회록

성 어거스틴의 삶과 회심, 그의 신앙을 통해 살아 계신 하나님을 깊이 체험해 보자. 이 책은 죄로 인해 억눌린 마음, 하나님의 자비를 간절히 구하는 자들에게 놀라운 회복의 역사를 선물할 것이다.

■ 성 어거스틴 지음 | 값 14,000원

현대인을 위한 예수님이라면 어떻게 하실까?

110여 년의 세월을 관통하는 위대한 질문을 통해 우리는 자신의 삶을 다시 한 번 돌아보게 될 것이다. 우리의 삶에서 '예수님이라면 어떻게 하실까'를 먼저 생각하며, 주님의 발자취를 따라가는 삶이 되자.

■ 찰스 쉘던 지음 | 값 11,000원

인류 최고의 고전 그리스도를 본받아

성경과 천로역정 다음으로 가장 사랑받는 책! 마틴 루터, 존 뉴턴 같은 영적 거장들을 포함한 수많은 사람들의 삶을 변화시킨 이 책은 현대를 살아가는 우리들에게도 시대를 초월한 감동을 선사할 것이다.

■ 토마스 아 켐피스 지음 | 값 10,500원

앤드류 머레이의 하늘문을 여는 기도

본서는 신앙의 핵심을 찾아서 일목요연하게 해설하고 있으며 자신의 경건과 기도생활 가운데 직접 깨닫고 체험한 것을 담고 있다. 이를 통해 그리스도인이 걸어가야 할 올바른 길을 발견할 수 있을 것이다.

■ 앤드류 머레이 지음 | 값 11,000원

클래식 도서

현대인을 위한 천로역정

성경 다음으로 사랑받는 이 책은, 크리스천과 그의 가족과 친구들이 천국에 가는 모험담을 담고 있다. 존 번연의 기발한 통찰력과 비유를 통해 고난을 넘어 천국에 입성하는 자신의 모습을 미리 맛보도록 하자.

■ 존 번연 지음 | 값 14,500원

현대인을 위한 죄 죽이기

죄악된 본성을 붙잡고 씨름할 때, 하나님의 방식대로 이겨 내야 열매를 거둘 수 있다. 성령의 능력으로 죄를 죽이고, 거룩한 삶을 사는 방법이 바로 이 책에 있다.

■ 존 오웬 지음 | 값 13,000원

현대인을 위한 성도의 공동생활

본회퍼의 대표작인 이 책은 기독교 공동체가 갖는 사귐의 아름다운 영성을 주옥같은 필체로 형상화했다. 참된 신앙고백 안에서 그리스도인의 고귀한 사귐을 느껴 보라.

■ 디트리히 본회퍼 지음 | 값 11,000원

현대인을 위한 참된 목자

사명을 이루기 위해 처음부터 끝까지 하나님의 방법으로 행하라. 목자가 스스로 복음의 확신을 갖고 항상 깨어 일한다면, 그를 통해 수많은 영혼들이 하나님께 돌아와 영광을 돌리게 될 것이다.

■ 리처드 백스터 지음 | 값 12,000원

추천 도서

하늘의 음성 30일 묵상편

본서는 산상수훈이 오늘날 한국 교회와 그리스도인들에게 어떤 도전을 하는지 살펴봄으로써, 성도들이 자신의 신앙을 점검하고 예수님의 가르침대로 살 수 있는 길을 제시하고 있다.

■ 김경섭 지음 | 값 16,000원

스토리텔링 다윗 설교

본서는 다윗의 모습을 통해 오늘날 그리스도인들이 무엇을 따라가야 하는가에 대한 방향성을 제시한다. 또한 스토리텔링 설교 형식으로 다윗의 생애를 전달하며 진정한 그리스도인의 삶의 본보기를 제시할 것이다.

■ 김연수 지음 | 값 11,000원

믿음의 영웅들 40일 묵상편

본서는 하나님의 약속을 믿고 살아간 믿음의 영웅들의 발자취를 따라가며, 다양한 사례를 통해 하나님의 자녀가 어떤 믿음의 신조로 살아가야 하는지 방향성을 제시하고 있다.

■ 김경섭 지음 | 값 16,000원

열정적 설교

본서는 목회자들이 설교에 열정을 회복하도록 권면한다. 또한 설교에 담겨야 할 핵심적인 요소를 짜임새 있게 제시하여, 열정적이며 유능한 설교자로 성장하도록 이끌어 줄 것이다.

■ 알렉스 몬토야 지음 | 값 10,000원

추천 도서

설교, 그 영광의 사역

본서는 복음의 본질에 기초하여 성경적 설교의 이론과 실제를 체계적으로 소개하고 있다. 이로써 설교자들이 성경적 설교를 통해 영광스러운 하나님의 사역을 충실히 감당할 수 있도록 도울 것이다.

■ 한진환 지음 | 값 16,000원

좋은 교회에서 위대한 교회로

'좋은 교회'를 넘어 '위대한 교회'로 도약하는 것은 하나님의 뜻이며 비전이다. 본서는 목회자의 리더십 변화를 통해 급성장한 교회들을 제시하고, 목회자들이 침체와 안일함에서 벗어나 도전하도록 격려한다.

■ 톰 레이너 지음 | 값 15,000원

사명을 수행하는 교회

하나님께서는 빠른 변화에 직면한 소형 교회가 멋지게 전환하여 이 시대에 필요한 사역을 감당하기 바라신다. 본서는 소형 교회가 위기를 기회로 받아들이고 사명을 펼쳐나갈 수 있도록 도울 것이다.

■ 데니스 비커스 지음 | 값 10,000원

교회 갈등, 이렇게 해결하라!

올바른 커뮤니케이션에 도달하는 방법을 다루는 본서는 교회의 지도자 훈련 교재로 사용할 수 있다. 또한 하나님의 교회가 갈등 안에서 사역과 성장에 새로운 활기를 얻어가는 과정을 볼 수 있을 것이다.

■ 케네스 갱겔 · 새뮤얼 케이나인 지음 | 값 15,000원

지은이 김지용 목사
총신대학교 신학대학원
죽전 안디옥교회 목사

심도 있게 편찬된
구역 및 대학 · 청년부 성품 G.B.S. 시리즈 ❷

경건

지은이 I 프리셉트팀(김지용)

초판 1쇄 I 2016년 3월 25일

발행인 I 김경섭
국제총무 I 최복순
총무 I 김상현
기획국장 I 김현욱
서적부 I 양재성, 신충경
편집부 I 고유영(편집실장), 김지혜, 허윤희(편집), 유권지, 박은실(디자인)

발행처 I 묵상하는사람들
등록번호 I 20-333
일부총판 I 생명의말씀사 Tel. (02) 3159-7979 Fax. 080-022-8585

주소 I 서울시 동작구 사당로2가길 91(사당동) (우) 07028
전화 I (02) 588-2218 팩스 I (02) 588-2268
홈페이지 I www.precept.or.kr
국민은행 772-21-0310-382(김경섭)

값 3,200원
ISBN 978-89-8475-674-8 04230
978-89-8475-659-5 04230(세트)

독자 여러분의 의견을 기다립니다.
독자 전화 (02) 588-2218 / pmnqt@hanmail.net